Ali Mitgutsch

Warum macht Herr Kringel nicht mit?

Otto Maier Ravensburg

ist
sich
sperrt,

üll
, der
gegen
die Tonne
zu
en ...

Herr Balthasar Kringel suchte eine Wohnung. Er fand ein kleines Haus unter Bäumen, in denen die Vögel zwitscherten. Das schien ihm so friedlich, daß er beschloß, für immer dort zu bleiben. Herr Kringel lebte in einem reichen Land, in dem man kaufen konnte, was man wollte. In diesem Land gab es einige Leute, die wollten immer noch reicher werden. Dazu mißbrauchten sie die Werbung. Riesen- und

Geisterstimmen flüsterten und schrien unaufhörlich aus Zeitschriften, Fernsehen und von allen Plakatwänden auf die Leute ein: „Nur der kann jung, schön und beliebt sein, der immer das Allerneueste hat!“ Längst glaubten es die Leute und kauften und kauften, immer mehr neue Sachen.

Ohne neue Schuhe bist Du alt...
Riesenweiß

Ich bin Dein schlechtes Gewissen......
dein Helfe

Die vielen neuen Sachen brauchten Platz. Doch wohin mit den alten Sachen? Da hatten sich einige Leute etwas ausgedacht. Sie ließen in finsteren Nächten den Sperrmüll umgehen. Die Leute warfen alles, was sie nicht mehr in ihrer Wohnung stehen haben mochten, einfach über

ihren Zaun in den Nachbargarten. Und der, der hinter dem Zaun wohnte, schmiß es wieder über den nächsten Zaun. So wanderte der Sperrmüll immer weiter fort, bis zum Rand der Siedlung oder zu einem, der diesen nächtlichen Reigen nicht mitmachte.

Herr Kringel öffnete eines Morgens die Tür, um die Zeitung zu holen. Da erwartete ihn eine böse Überraschung. Vor seiner Tür hatte sich ein Berg Gerümpel angesammelt. Zuerst dachte er an ein Erdbeben oder an einen bösen Traum, doch dann ging ihm langsam ein Licht auf. Bestürzt ließ er sich in einen Stuhl fallen, den jemand über den Zaun geworfen hatte, und fing an zu überlegen. „Wenn ich mich bei meinen

Nachbarn beschwere, will es sicher keiner gewesen sein, und es wird Ärger und Keiferei geben.“ Da aber Herr Kringel ein Mensch war, der Unfrieden haßte, mußte er sich etwas anderes einfallen lassen. „Ich fahre einfach mit meinem Auto ein paarmal zum Müllplatz“, dachte er, „und ich bin das Gerümpel los.“

Herr Kringel sammelte erst einmal alles auf einen Haufen zusammen. Er fand sehr viele brauchbare, schöne, ja fast neue Sachen darunter. Dabei mußte er an eine Zeit denken, in der es ihm und allen Leuten hier im Land sehr schlecht gegangen war, in der es nichts zu kaufen gab und alle hungerten. Und weil er sich noch gut an diese Zeit erinnern konnte, brachte er es nicht übers Herz, diese tadellosen Dinge

einfach wegzuwerfen. Er kam zu dem Entschluß, nur den Abfall wegzubringen und die guten Sachen aufzuheben. Er fuhr sein Auto aus der Garage und fing an, die Sachen dort zu stapeln. Schon nach ein paar Tagen war die Garage voll bis zum Rand. Was jetzt noch kam, mußte er in seinem Keller unterbringen.

Auch im Keller wurde es bald so voll, daß Herr Kringel nicht mehr an das Regal mit seinen eingelegten Aprikosen herankam. Da wurde er langsam ärgerlich, denn er aß Aprikosen für sein Leben gern.
Voll Mißtrauen beobachteten die Nachbarn, daß er Sachen aufhob, die doch jedermann wegwarf. Aber nach einiger Zeit gewöhnten sie sich daran. In jeder dunklen Nacht kam neues Gerümpel über den

Zaun zu Herrn Kringel. Sein Schlafzimmer füllte sich. Bald konnte er nur noch mühsam ins Bett kriechen. In der Küche war es schon so voll, daß er sich zum Essen ins Freie setzen mußte. Darum hatte er sich einen Faulpelzstuhl gebastelt, mit einem großen Regenschirm. Der war seine Rettung, denn der Sperrmüll hatte ihn fast aus seinem Haus verdrängt.

Bis eines Tages die Kinder kamen. Zuerst war es ein Bub, am nächsten Tag standen drei Kinder da, und am Tag darauf waren es drei Buben und zwei Mädchen.

Einer wollte gern ein Rad von einem Kinderwagen haben, ein anderer brauchte unbedingt einen alten Besenstiel, und ein kleines Mädchen suchte einen bunten Vorhangstoff für ein Puppenkleid.

Mit der Zeit wurde es selbstverständlich, daß die Kinder ihre Sachen gleich bei Herrn Kringel zusammenbauten, denn er half ihnen und hatte Freude daran, mit ihnen zu basteln, nur so zum Spaß, oft ganz verrückte Dinge. Längst waren es keine einfachen Räder und Wagen mehr, mit denen die Kinder spielten, nein, da gab es Weltraumstationen, Rennautos und Raketen. Sie machten die tollsten Erfindungen!

Und Balthasar Kringel war glücklich, denn jetzt wurde er überall gebraucht: hier fehlte eine Schraube, dort eine Stange, und oft mußte er mit einem guten Tip aushelfen. Abends gingen die Kinder nur widerwillig nach Hause, und am nächsten Tag stellten sie sich so früh wie möglich wieder ein.

Eines Tages hatte Herr Kringel einen großartigen Einfall. Bisher war ja alles, was sie gebaut hatten, lustig und fantasievoll, aber es war eben aus den unterschiedlichsten Teilen zusammengesetzt. Wenn ihre Bauwerke wirklich interessant und schön aussehen sollten, dann mußten sie neu angestrichen werden. Zuerst weiß, denn auf weißem Grund sehen

neue Farben erst richtig bunt und leuchtend aus. Jeder sollte seine fertigen Sachen dann so anmalen, wie er gerade Lust hatte. Die Kinder waren begeistert. Gleich zogen alle zusammen los zum Maler.
Herr Kringel trug die großen schweren Büchsen mit dem Weiß und die Kinder die kleineren Dosen mit Farben und die Pinsel.

Zwei Tage lang sah es bei Herrn Kringel wie in einer Geisterstadt aus. Die Raketen, Wagen, Autos und Maschinen wurden mit geheimnisvollem Weiß überzogen. Doch dann wurde es fröhlich und bunt wie auf einem Jahrmarkt, nur viel schöner. Denn das Beste war ja, daß alles

den Kindern selber gehörte, was es da gab und was sich da bewegte: es war ihre eigene Rakete, ihr Haus, ihre Puppenstube und ihr Rennauto. Am liebsten wären die Kinder nur noch bei Herrn Kringel geblieben.

Immer häufiger kamen abends zornige Eltern, um ihre Kinder zu holen. Sie schimpften: „Was fällt euch denn ein, zu Hause seid ihr überhaupt nicht mehr, den neuen und schönen Sandkasten benutzt ihr auch nicht mehr, ihr seid wirklich undankbare Kinder!“ Da wurde Herr Kringel

traurig, denn er mochte es nicht, wenn sich die Leute stritten.
Die Eltern verstanden ihre Kinder nicht mehr. Jeden Tag zankten sie und meinten: „So geht das nicht weiter! Da muß dringend etwas geschehen! Und überhaupt, dieser Herr Kringel ist an allem schuld!“

An einem Freitagabend um halb acht trafen sich die Eltern aus der Gegend, um eine Lösung für das Problem Balthasar Kringel zu finden. Die einen meinten, man müßte eben allen streng verbieten, zu Herrn Kringel zu gehen. Wieder andere schimpften: „Der Herr Kringel muß weg, bevor er kam, war hier alles in Ordnung.“ Da meldete sich Herr Kringel bescheiden selbst zu Wort und sagte: „Bin ich denn daran

schuld, daß mir die alten Sachen über den Zaun geworfen werden? Mein Haus ist schon so überfüllt, daß ich nicht einmal mehr an meine eingelegten Aprikosen herankomme! Vielleicht dürfen die Kinder zu Hause nur nicht richtig spielen? Die können schon etwas anfangen mit all den alten Sachen!“

Da sahen sich die Eltern betreten an und meinten: „Es ist wirklich unglaublich, was man alles wegwirft!" Einer fragte, ob man wirklich immer das Neueste haben muß.
Da sagte eine Mutter schüchtern, sie hätte bei Herrn Kringel einen Staubsauger gesehen. Den könnte sie schon lange gebrauchen. Ein Mann fand ein Paar Ski, die ihm für seinen Flori gerade gefielen, vor allem so lustig angemalt. Am Ende waren sich alle einig. Man wollte den Kindern erlauben, alles, was sie jetzt gebastelt und bemalt hatten, nach Hause zu bringen. Und die Sachen, die man selber nicht mehr brauchte, die sollten fortan zuerst die Kinder haben. „Dann haben die Kinder etwas zum Bauen und Erfinden", sagten die Eltern, „das tun die meisten ja doch noch lieber als fernsehen."
An einem Samstag war großer Umzug bei Balthasar Kringel. Väter und Mütter halfen den Kindern, ihre Autos, Raketen, Puppenhäuser und Wagen heimzuholen. Dabei ging's so lustig zu, daß man das Gelächter weithin hören konnte.
Herr Kringel, der endlich wieder an seine Aprikosen herankonnte, saß erleichtert in seinem Faulpelzstuhl und machte sich so seine Gedanken. „Ob die Leute auch halten, was sie versprochen haben?" fragte er sich. In der Nacht wurde kaum mehr etwas über den Zaun geworfen. Dafür brachte man ihm jetzt manchmal am Tag Sachen, die nicht mehr gebraucht wurden.
Die Nachbarn gewöhnten sich daran, bei ihm hereinzuschauen.
Sie fragten, ob er etwas Brauchbares hätte oder sie kamen nur so zum Reden. Mit der Zeit wurde er fast jedermanns Freund. Und das hatte er sich immer gewünscht.

Ravensburger Bilderbücher von Ali Mitgutsch

Diese Sachbilderbücher für Kinder von 3 – 7 Jahren brachten Ali Mitgutsch weltweite Anerkennung. Der Erfolg seiner Bücher liegt in der gelungenen Mischung von Lernen und Lachen, in der stundenlangen Beschäftigung mit Entdecken, Fragen und Geschichtenerzählen. Je 14 Kartonseiten, ohne Text.

Ravensburger Ringelfant

12 11 10 90 89 88

Erstmals 1978 in den Ravensburger Bilderbüchern – Preiswerte Reihe

Umschlaggestaltung: Kirsch & Korn

Printed in Italy
ISBN 3-473-33642-4